Rom
lieben lernen

Der perfekte Reiseführer für einen unvergesslichen Aufenthalt in Rom inkl. Insider-Tipps und Packliste

Melina Schwabstädt

✈ INHALT

Das erwartet Sie in diesem Buch   1

Geographische Lage und Klima   3
Die Lage 3
Das Klima 5

Die Geschichte Roms   7
Paprikaschoten   11
Brot 11
Saisonales Obst und Gemüse   12
Bars und Restaurants 14
Feiertage und besondere Anlässe   16

Kulinarische Spezialitäten   19

Mobil in Rom   24
Die U-Bahn   25
Der Bus   27
Die Tram 28
Tickets   28
Hopp – On Hopp – Off 30
Das Fahrrad 30

Sehenswürdigkeiten   32
Palatin Hügel 33

Trevi-Brunnen 34

Spanische Treppe 37

Pantheon 38

Circus Maximus 39

Engelsburg 40

Kolosseum 41

Forum Romanum 44

Piazza del Popolo 47

Villa Borghese 49

Der Vatikan   51

Der Petersplatz 53

Der Petersdom mit Kuppel 55

Vatikanische Museen und Sixtinische Kapelle 59

Ende   65

Packliste   67

Das erwartet Sie in diesem Buch

Rom ist eine der ältesten Städte der Welt. Dementsprechend ist die Geschichte Roms eine der umfangreichsten und interessantesten, die in unter drei Stunden Flugzeit entdeckt werden kann. Vom Petersdom über das Kolosseum bis hin zum Vatikan mit seiner ganz eigenen Geschichte hat Rom einiges zu bieten. In diesem Ratgeber soll Ihnen die wahre Schönheit Roms nähergebracht und Ihre Reiselust entfacht werden. Sie finden detaillierte Tipps zu Sehenswürdigkeiten,

Speisen und den geheimen Ecken dieser Weltmetropole. Egal wonach Ihnen lieber ist, ob nach Kunst, Sightseeing oder kulinarischen Leckerbissen, Rom hat alles zu bieten. Sie müssen sich nur entscheiden, was Sie zuerst sehen wollen.

Denn eines ist klar, wer in Rom möglichst alles sehen will, der muss ein wenig Zeit einplanen. Denn die zahlreichen Eindrücke wollen erst einmal verarbeitet werden. Sollten Sie es eher auf das köstliche italienische Essen abgesehen haben, kann ich Ihnen garantieren, dass Rom auch da vieles bereithält. Sie werden fündig in einem großen Restaurant im Stadtzentrum oder in einer kleinen Lokalität in der nächsten Seitenstraße. In jedem Fall kommen Sie auf Ihre Kosten. In Sachen Wetter hält Rom ebenso gut mit. Zwar missen Sie in Rom den Strand, dennoch kann das exzellente Wetter am Ufer des Tiber nahe dem Petersdom oder bei einem Eis im Zentrum genossen werden. Vielleicht ist Ihnen aber auch nach beidem, das ist ebenso kein Problem, die Anbindungen in Rom sind mittels öffentlicher Verkehrsmittel hervorragend. Sie merken, dass Rom unglaublich facettenreich ist. Egal welcher Typ Urlauber Sie sind, Rom ist immer eine Reise wert.

Geographische Lage und Klima

DIE LAGE

Rom ist nicht nur die Hauptstadt Italiens, sondern auch eine Metropole, die Kultur, Kunst und Architektur von höchstem Wert vorweisen kann. In puncto Lage kann Rom auch mit beliebten Sommer-Reisezielen mithalten. Die italienische Hauptstadt liegt ziemlich zentral, am östlichen Rand und gehört zur Region Latium. Östlich schließt das bekanntere Adriatische Meer das Land ab. Westlich ist es das Tyrrhenische Meer, welches mit dem nördlich gelegenen Ligurischen Meer zum Mittelmeer gehört. Diese beiden Meere liegen vor dem offenen Mittelmeer und werden durch die Inseln Korsika, Sardinien und Sizilien abgegrenzt. Abgesehen von Korsika gehören die anderen beiden Inseln ebenso zu Italien, wie die vollständig vom Staatsgebiet eingeschlossenen Kleinstaaten San Marino und der Vatikan. 2017 lag die Bevölkerung Roms bei 2,87 Millionen Menschen.

Die Rione, oder auch Stadtteile genannt, werden mit den römischen Zahlen ergänzt. So steht der I. Rione für den Stadtteil Monti. Monti bedeutet auf Italienisch Berge und steht bezeichnend für die drei Berge Esquilin, Viminal und Quirinal. Diese sind Teil der klassischen Sieben Hügel Roms. Besonders interessant, hinsichtlich der Lage, ist der vierzehnte Bezirk, also XIV. Rione. Er nennt sich Borgo und zieht sich von der Engelsburg bis zum Vatikan.

Hierbei ist der geschichtliche Hintergrund sehr interessant. Betrachtet man das Wappen des XIV. Rione, so sieht man einen Löwen, der vor einer Burg mit einem darüberstehenden Stern liegt. Dies hat den Hintergrund, dass Papst Sixtus V. den Stadtteil als vierzehnten Bezirk Roms aufgenommen hat. Die anderen, an den Vatikan angrenzenden Rione, heißen übrigens Trastevere und Prati. Auf die Rione samt ihren Sehenswürdigkeiten wird zu einem späteren Zeitpunkt nochmals eingegangen.

DAS KLIMA

Da Rom in der mediterranen Klimazone liegt, herrschen in der Hauptstadt hauptsächlich milde Temperaturen und sonniges Wetter. Mit dem Winter müssen Sie in Rom erst im Dezember rechnen. Dieser geht dann in etwa bis Februar. Jedoch können Sie selbst in dieser Zeit die Stadt erkunden. Einzig die Regentage sind hier erhöht. Haben Sie also besser einen Regenschirm dabei.

Ab April und Mai sind die Sonnenstunden bereits ausreichend und die Temperaturen in der Regel über 20 °C. Bedenken sollten Sie, dass ab Mitte August die Sommerferien beginnen. Dementsprechend sind viele Römer selbst im Urlaub und viele Restaurants, Geschäfte und einige Hotels geschlossen. Die christlichen Feiertage sollte man auch nicht außer Acht lassen. Viele Gläubige und Pilger zieht es an diesen Tagen nach Rom. Um nicht Gefahr zu laufen, dass die Stadt zu überlaufen ist und die Hotels die Preise exorbitant anziehen, plant man diese

Ereignisse besser mit ein. Der Hochsommer ist im Juni, Juli und August voll im Gange. Der Schirokko, ein heißer Wüstenwind aus Afrika kommend, lässt die Temperaturen regelmäßig auf über 30 °C ansteigen. Es liegt also an Ihnen, welche Kriterien Ihnen am wichtigsten sind. Im Sommer müssen Sie mit hohen Temperaturen und überfüllten Straßen rechnen, im Winter mit verhältnismäßig viel Niederschlag und wenigen Sonnenstunden. Prinzipiell lässt das milde Klima aber ganzjährig einen Besuch zu.

Die Geschichte Roms

D er Geschichte nach wurde Rom 753 vor Christus gegründet. Allerdings belegen archäologische Forschungen, dass erste Siedlungen bereits im 10. Jahrhundert vor Christus entstanden sind. Zuerst geschah dies auf zwei der sieben Hügel, welche im vorangegangenen Kapitel schon erläutert wurden. Diese hießen Palatin und Esquilin. Der Legende nach ist die Entwicklung Roms auf Romulus zurückzuführen. Welcher seinen Zwillingsbruder Remus tötete, weil dieser sich über die Mauer, die Romulus erbauen ließ, lustig machte. Heute weiß man, dass es die Etrusker waren. Sie ließen Rom, nach griechischem Vorbild, zu einem strategischen Mittelpunkt Mittelitaliens wachsen.

Sie begannen Gebäude, wie das Forum und die „Cloaca Maxima", zu bauen. Letztere ist ein Kanalisationssystem, welches in erster Linie entstand, um das umliegende Sumpfgebiet trockenzulegen. In den nächsten Jahrhunderten entwickelte sich Rom, durch die Vertreibung des letzten etruskischen Königs, zur Republik. Nun bestimmten Senat und die Volksversammlungen das Geschehen in und um Rom. Denn durch die Expansionspolitik unterwarfen sich weitere Gebiete Italiens dem immer größer werdenden Römischen Reich.

Die Tribute der umliegenden Regionen flossen hauptsächlich in den Ausbau der Metropole. So finanzierte sich zum Beispiel der Circus Maximus, der zunächst nur eine Grünfläche mit hölzerner Tribüne war. Als der große Kaiser Cäsar an die Macht kam, regelte er die Nahrungsmittelversorgung sozial gerecht. Ein weiterer großer Kaiser war Augustus, der zwischen 31 vor und 14 nach Christus die Stadt reformierte. Er gliederte Rom in vierzehn Stadtviertel, stellte eine Berufsfeuerwehr auf und befahl eine tausend Mann starke Wachtruppe. Der Circus Maximus wurde auf 250.000 Plätze erweitert. Das Kolosseum bot, 80 nach Christus, 50.000 Zuschauern Platz. Nach dem Brand 64 nach Christus, bei dem drei Stadtteile komplett niederbrannten, wurden Häuserabstände und die Verwendung von feuerfesten Baustoffen verordnet. Nero soll das Feuer selbst gelegt haben mit dem Ziel, die Stadt sicherer zu machen und nach seinen Plänen neu aufzubauen. Mit der Verlegung der Residenz von Kaiser Konstantin nach Konstantinopel (heutiges Istanbul), stand die antike Weltmetropole dem voranschreitenden Niedergang gegenüber.Bräuche und Sitten

Mit dem Wort „Puranimata" fassen die Roma ihre Gebräuche und Sitten zusammen. Soziale, aber auch religiöse Bräuche erstrecken sich von Ereignissen zu Ereignissen. Geburt, Hochzeit, Tod und Beerdigung. Viele Paare sind lange verlobt und heiraten erst nach der Ausbildung oder dem Studium, wenn sie Arbeit gefunden haben. Die Scheidung erfolgt erst, nachdem die Paare mindestens drei Jahre getrennt gelebt haben. Unterschiede in der Familienstruktur gibt es auch in Nord- und Süditalien.

Norditalien steht eher für kleinere Familien mit ein bis zwei Kindern. Während im Süden große Familien üblich sind und mehrere Generationen unter einem Dach leben. Neben den genannten Ereignissen spielt „Pativ" eine ebenso wichtige Rolle.

Eine Feierlichkeit, die aus Anlass eines familiären oder gesellschaftlichen Ereignisses veranstaltet wird, ebenso wie zu Ehren eines Gastes. Einer der religiösen Bräuche ist es zum Beispiel, als Zeichen der Dankbarkeit, eine Kerze gegenüber Gott anzuzünden. Genauso sehen es die Römer als selbstverständlich an, der Kirche Geld zu spenden. Die Römer unterscheiden des Weiteren gute von schlechten Verhaltensweisen. Begeht eine Person eine schädliche Handlung, wird sie als charakterloser Typ bezeichnet. Dies ist zum Beispiel bei Verstößen gegen die Traditionen und moralischen Normen der Fall. Bei Missachtung von religiösen Grundsätzen, hat man sich vor Gott und seinem eigenen Gewissen zu verantworten. Man besitzt eine sündige Seele und wird in der Regel gemieden, da man für Unglück steht. Zum Glück wird das heute nicht mehr so streng gesehen.

PAPRIKASCHOTEN

Viele Bräuche und Sitten haben mit der Geschichte des Landes oder seiner Lage und dem Glauben zu tun. Schauen Sie sich Deutschland an: Brot und Salz werden zum Einzug in ein neues Haus verschenkt. Der Brauch kommt aus einer Zeit, in der Brot und Salz mehr Bedeutung hatten, als sie es jetzt haben. Mittlerweile gehören sie in jeder Küche zum Stammrepertoire. Sie bringen Wohlstand und Fruchtbarkeit zum Ausdruck. Das römische Gegenstück ist die Paprikaschote. In Rom verschenkt man sie zu fast jedem erfreulichen Anlass. Neben dem Ausdruck von Glück sind sie ein feines Gewürz, welches in keiner italienischen Küche fehlen darf.

BROT

Da die Römer früher sehr arm waren und häufig von Hungernöten heimgesucht wurden, schmissen sie so gut wie nie altes Brot weg. In Italien spielt das Essen bekanntlich eine sehr große Rolle. Dies hat sich bis heute erhalten, denn bevor die Römer altes Brot wegwerfen, geben sie ihm noch einen Kuss. Diese Tradition sollte man in jeder Region etablieren.

Denn sie zeigt die Dankbarkeit für Nahrung, welche nicht selbstverständlich ist.

SAISONALES OBST UND GEMÜSE

Sie sollten nicht jedes Mal warten bis Ihnen eine Wimper ausfällt, um sich etwas zu wünschen, es geht auch schneller. Denn die Römer benutzen vorzugsweise frisches, also saisonales Obst und Gemüse für ihre Gerichte - sicher haben sie, in der heutigen Zeit, uneingeschränkte Möglichkeiten, sich jede Zutat zu besorgen, dennoch ziehen sie frisches Essen vor. Daher darf man sich vor jedem Stück Obst, wie zum Beispiel einem Apfel, etwas wünschen, bevor es verspeist wird.

Die Hauptstädter frühstücken sich nicht satt. Viele Cafés bieten daher nur Kleinigkeiten an. Kaffee und Brötchen, über mehr geht es häufig nicht hinaus. Die Hauptmahlzeit ist das Mittagessen. Ein weiterer Punkt ist die Kleidung. Im Alltag kleiden sich die Römer, wie in dem Rest Italiens, eher unauffällig. In der Regel sind sie sehr konservativ gekleidet. Laufen Sie also nicht in Badeshorts und Bikini durch die Stadt. Zeigen Sie außerdem nicht allzu viel Haut, denn das sehen die Einheimischen ebenfalls nicht gern. Anders als in Venedig können Sie hier aber wohl kein Bußgeld für zu freizügiges Auftreten in Museen oder öffentlichen Gebäuden bekommen. Die Umgangsformen sind eigentlich sehr freundlich. Auch wenn die Italiener meist sehr temperamentvoll klingen, ist es oft halb so schlimm.

Als formlose Begrüßung wird häufig ein einfaches „ciao" verwendet. Aber Achtung, dies nur zu guten Bekannten oder jungen Leuten. Verwenden Sie zur Verabschiedung lieber „arrivederci". Zu offizielleren Anlässen sagt man lieber „Buon giorno" (Guten Tag) oder „Buona sera" (Guten Abend). Verwenden Sie die beiden Letztgenannten gerne in einem schönen Restaurant. Auch die Anrede ist nicht kompliziert. Jedoch sollten Sie daran denken, dass die Einheimischen sehr viel Wert auf den Titel legen. So sprechen sie Akademiker mit „Dottore" an, Ingenieure mit „Ingegnere" und Lehrer mit „Professore". Halten Sie dies ein und Sie erlangen mehr Prestige. Bringen Sie statt der erwähnten Paprikaschoten ein paar Blumen mit, ist das auch in Ordnung. Nur keine Chrysanthemen, diese gelten weit verbreitet als Trauerblumen.

BARS UND RESTAURANTS

Es erweist sich als höflich, von dem Kellner an einen freien Tisch geleitet zu werden und nicht einfach den nächstbesten Tisch in Beschlag zu nehmen. Auch die Wahl des Essens sei bedacht. Es ist üblich, mehrere Gänge zu sich zu nehmen. Nachdem also der erste Teller bekämpft wurde, so kommt der Kellner und fragt höflich nach dem zweiten Gang.

Für den Fall, dass Sie satt sind und nichts mehr wollen, ist das kein Problem. Die Italiener sehen es nicht als beleidigend an, wenn sie dankend ablehnen. Dann nehmen Sie halt nur einen „Secondo", also Hauptgang. Anders ist das bei der Rechnung. Prinzipiell wird in Italien nur eine Rechnung pro Tisch ausgestellt. Der Kellner sieht es als Zumutung, wenn jeder Gast auf seinem Beleg besteht. Teilt man sich die Rechnung, wird trotzdem nur ein Beleg herausgegeben. Üblicherweise zahlt man die Summe in einem und begleicht seinen Teil dann untereinander. Seinen Teil bedeutet allerdings, dass die Summe durch die Anzahl der Tischnachbarn geteilt wird.

Unterlassen Sie es, den Betrag nachzurechnen. Und wenn Sie es tun, dann rechnen Sie den Beitrag für das Gedeck („coperto") mit ein. Dieser liegt üblicherweise zwischen 0.50 und 5,00 Euro. Bei dem Thema Trinkgeld wird nicht mehr erwartet, dass Sie fünf bis zehn Prozent der Summe auf der Rechnung bezahlen. Sie können gerne ein paar Euros unauffällig auf dem Tisch liegen lassen, sollte es Ihnen besonders gefallen haben.

In den Bars gibt es meistens Sparschweine oder Tellerchen, auf denen die Münzen platziert werden können. Im Taxi wird ebenso kein Trinkgeld erwartet. In allen öffentlichen Verkehrsmitteln, Restaurants, Geschäften und Kinos ist das Rauchen mittlerweile gänzlich untersagt. Es gibt hierfür eigens hergerichtete Raucherzimmer, die separat aufgesucht werden können. Wer sich nicht daran hält, sollte mit einer Strafe, in Form eines Bußgeldes, rechnen. Diese kann zwischen 25 und 250 Euro liegen. Die Wirte und Inhaber sind sogar dazu angehalten, die Gäste bei Missachtung anzuzeigen. Also Vorsicht!

FEIERTAGE UND BESONDERE ANLÄSSE

Neben Neujahr ist am 1. Januar der Tag des internationalen Friedens. Abgesehen von den üblichen Feiertagen rund um Weihnachten und Neujahr, an dem die Kinder verständlicherweise Urlaub haben und ihnen besondere Aufmerksamkeit gehuldigt wird, ist am 6. Januar Epiphanias. Auch bekannt als das Dreikönigsfest. In vielen Gebieten wird an diesem Tag der Carnevale mit Umzügen und Kostümen gefeiert. Er geht unmittelbar der Fastenzeit voraus.

Im April schneiden sich mehrere besondere Anlässe. Zum einen ist am 21. April der nationale Feiertag, an dem Sie viele kulturelle Veranstaltungen sowie Rituale genießen können. Diese ziehen sich meistens über mehrere Tage hin. So dass der Anlass meistens nahtlos in den nächsten übergeht. Denn zum anderen ist am 25. April der Tag der Befreiung, da wird der Befreiung Italiens im 2. Weltkrieg gedacht. Der 15. August ist Mariä Himmelfahrt. Hier beginnt auch Ferragosto, also die Ferien. Viele Unternehmen schließen hier und die Italiener fahren an die See oder in das Gebirge. Allerheiligen ist am 1. November. Dort gedenken die Italiener aller

Heiligen ihrer katholischen Kirche. Der darauffolgende Tag, also der 2. November, ist Allerseelen. Tagsüber besuchen die Einheimischen die Gräber ihrer Angehörigen und legen Chrysanthemen nieder. Diese sind ja bekanntlich Trauerblumen. Abends läuten die Glocken. Wenige Wochen vor Weihnachten, am 6. Dezember, wird das Fest des heiligen Nikolaus gefeiert. Er ist der Schutzpatron vieler Seefahrer und der Kinder. Er ist auch, wie hier zu Lande, auf unsere Geschichte des Nikolaus zurückzuführen. In Italien nennt man ihn „Babbo Natale", was so viel wie „Weihnachtsmann" bedeutet. Der 8. Dezember ist der Tag der unbefleckten Empfängnis. In der katholischen Kirche feiert man die Bewahrung der Jungfrau Mariä vor der Erbsünde.

Neben den Feiertagen ringen verschiedene Festivals um Ihre Aufmerksamkeit. Mit verschiedenen Facetten von Kunst über Kultur bis zu Musik ist alles dabei. Eines der Beispiele ist das internationale Filmfestival. Das Musikfestival „Luglio Suona Bene" findet im Juni statt und ist ein Open-Air-Festival. Hier treten nationale und internationale Stars auf. Diese kommen aus verschiedenen Genres der Musik. Zum Thema Kunst empfiehlt sich das Festival

„Romaeuropa", welches das größte Kulturereignis Europas ist. Es vereint harmonisch Musik, Tanz und Theater miteinander. In der Literaturwelt ist es fast ein Muss, das internationale Literaturfestival zu besuchen. Zahlreiche Schauspieler stellen, zehn Tage lang, ihre neuen Texte in der Basilika von Maxentius im Forum Romanum vor. Sie können hier sogar an ihrer Diskussion teilnehmen. Die Verbreitung der orientalischen und asiatischen Kultur sowie die Kampfkunst, wird von der Sportveranstaltung „Fiera Internazionale della Cina" übernommen.

Kulinarische Spezialitäten

Wie schon erwähnt, die Hauptstädter frühstücken sich nicht satt. Viele Cafés bieten daher nur Kleinigkeiten an. Kaffee und Brötchen beziehungsweise ein Croissant, über mehr geht es häufig nicht hinaus. Die Zeit spielt bei dem Kaffee eine wesentliche Rolle. Nach dem Aufstehen gibt es meist einen Espresso, dann einen Latte Macchiato und ab dem Mittag üblicherweise nur noch Espresso. Im Gegensatz dazu bietet das Mittagessen einiges mehr. Dieses besteht, in der

Regel, aus mindestens drei Gerichten. Der klassische Nachtisch umfasst häufig Käse und Wein. Aber auch Panna cotta und Tiramisu sollten Sie sich nicht entgehen lassen.

Wer dachte, er könne in Rom ein paar Kilos verlieren, der wird enttäuscht. Rom bedeutet essen. Zum Mittag essen die Römer, wie eingangs erwähnt, drei Gänge. Als Vorspeise können Sie ruhig bei den Antipasti oder beim Bruschetta zuschlagen. Da liegen Sie in der Regel nie verkehrt. Als Hauptgang empfiehlt es sich, einmal original italienische Spagetti zu essen. Die bekannteste Speise der Italiener wird oft kopiert, aber bleibt meistens unerreicht. Verkosten Sie sie, um einen Vergleich zu den in Deutschland angebotenen Produkten zu bekommen. Alternativ kann man auf sogenannte „Suppli" zurückgreifen. „Suppli" sind faustgroße Reisbällchen, mit Mozzarella gefüllt und frittiert. Das etwas andere Essen ist die Parmigiana. Eine Lasagne mit Aubergine statt den üblichen Nudeln.

Auch bei dem Thema Pizza gibt es Unterschiede. Es gibt sie nach drei verschiedenen Arten: neapolitanisch, sizilianisch und römisch. Erstere ist flach und kross, die sizilianische ist luftig und dünn und die der Römer ist eine Mischung aus beidem, flacher Boden und fluffiger Rand. Natürlich die beste Kombination, wenn man die Römer fragt: Hawaii, Vier-Käse oder Salami? Diese Frage stellt sich eigentlich nicht. Denn in Italien gibt es die Kombinationen, die wir aus Deutschland kennen, eher selten. Hier finden Sie Kombinationen wie Pizza Bianchi. Eine weiße Pizza, ohne Soße, dafür aber mit Salz und etwas Olivenöl. Eine lohnende Abwechslung!

Eiscreme oder Gelato? Welcher Typ sind Sie? Sollten Sie es nicht wissen, testen Sie es aus. Häufig haben die Läden, welche Gelato anbieten, keine Sortenvielfalt. Dafür werden die Sorten täglich frisch und eigens im Eislabor hergestellt. In einer guten Gelateria können Sie sogar bei der Herstellung zuschauen. Lassen Sie sich von den exotischen Sorten verzaubern!

In der Regel erkundet man eine neue Stadt am besten durch eine Food-Tour. Egal ob Sie eine Tour buchen oder auf eigene Faust losziehen. Für Letzteres empfiehlt sich zum Beispiel der Stadtteil Trastevere. Dieser liegt, wie in den vorangegangenen Kapiteln erwähnt, ziemlich zentral und gut erreichbar. Auf dem Piazza San Cosimato wird eifrig gehandelt, sobald die Sonne aufgeht. Hier empfiehlt es sich ein paar Früchte zu probieren, denn die frische Ware ist unvergleichbar köstlich und schmeckt sehr intensiv. Sicher lassen sich die Kaufleute auch auf ein Gespräch ein und verraten Ihnen Originalrezepte der Großmutter. Probieren Sie es aus!

Um den Markt herum bilden viele kleinere Geschäfte ein nettes Ambiente. Von frischer Salami bis zum lokalen Käse wird hier alles angeboten. Die Gassen, die vom Markt wegführen, halten auch viele Überraschungen parat. Hier finden Sie Spezialitäten, die noch nach Familienrezepten handgemacht wurden. Scheuen Sie sich nicht und zahlen Sie lieber ein bis zwei Euro mehr und genießen Sie dafür die Frische und Einzigartigkeit der Produkte. Wenn Sie auf herzhafte Spezialitäten stehen, besuchen Sie die Pasticceria Trastevere. Probieren Sie sich durch die Tortenvielfalt.

Im Stadtteil Testaccio, der auf der anderen Seite des Tiber liegt, können Sie den Abend verbringen. Zu Fuß sind es etwa 15-20 Minuten vom Zentrum. In den Kneipen bekommen Sie das Beste, was Großmutters Küche zu bieten hat: römische deftige Küche. Hier können Sie nach dem Essen ebenso das

Tanzbein schwingen. Denn zu später Stunde fällt im ehemaligen Schlachterviertel das Partyvolk ein.

Nun noch ein paar Tipps zu bestimmten Lokalitäten, die Sie einfach bei Google Maps eingeben können:

- Fatamorgana (Gelateria)
- Voy Restaurant
- Trattoria Cacio e Pepe
- L'Etabli

Mobil in Rom

Der Verkehr ist in Rom ein echtes Problem. Sollten Sie vorgehabt haben mit dem **Mietwagen** durch Rom zu fahren, kann ich Ihnen davon nur dringend abraten. Es gibt zwar Verkehrsschilder in Rom, dennoch erinnert der Verkehr eher an einen bunten Haufen. Zwar gibt es bereits Pläne, seitens der Politik, für einen geregelten Verkehr. Allerdings scheitert es noch an der Umsetzung. Sollten Sie sich dennoch für einen Mietwagen entscheiden, haben Sie sich wohl!

DIE U-BAHN

Die öffentlichen Verkehrsmittel sind in Rom die bessere Wahl. So deckt die **U-Bahn** alle antiken Sehenswürdigkeiten gut ab. Die Metrolinien sind in drei Ringe aufgeteilt. A, B und C heißen diese.

Die einzige Möglichkeit zwischen den U-Bahn-Linien und dem normalen Zug zu wechseln, ist der Knotenpunkt Bahnhof Termini. Ab 2020 soll die dritte Linie C fertig gestellt sein und direkt bis zum Kolosseum führen. Nicht immer halten die Linien direkt an den antiken Sehenswürdigkeiten, sondern vielmehr daran vorbei. Was aber nicht schlimm ist, denn in der Regel sind die Sehenswürdigkeiten nur fünf Minuten von den Haltestellen entfernt.

Die Linie B hält knapp neben der Sehenswürdigkeit Circus Maximus. Die Linie A fährt zum Beispiel direkt in den Vatikan hinein. Bitte nehmen Sie immer einen Stadtplan oder eine Karte der U-Bahn-Linien mit. Zwar steht an fast allen Haltestellen eine große Karte zur Verfügung, allerdings ist Vorsicht besser als Nachsicht. Bevor Sie irgendwo rauskommen, wo Sie gar nicht hinwollten und nicht wissen, wie Sie weiterfahren können, um trotzdem Ihr Ziel zu erreichen, haben Sie besser eine Karte dabei.

Sollten Sie länger als drei Tage in Rom bleiben, was absolut empfehlenswert ist, so lohnt es sich für Sie, eine Rom City Card zu erwerben.

Für insgesamt 30 € erhalten Sie den Roma Pass mit Zugang zu allen öffentlichen Verkehrsmitteln und einem kostenlosen Eintritt in zwei Museen oder Sehenswürdigkeiten. Doch das ist nicht alles. Weitere Ermäßigungen auf Museen und Sehenswürdigkeiten bekommen Sie inklusive. Ein Stadtplan mit allen teilnehmenden Einrichtungen sowie ein kleiner Prospekt mit aktuellen Veranstaltungen sind ebenfalls inbegriffen. Ich rate Ihnen zu diesem Roma Pass, da er wirklich nützlich und sparsam ist.

Als Gegensatz dazu gibt es noch den Omnia Pass. Dieser unterscheidet sich nur in kleinen Punkten von dem Roma Pass. Auch hier können Sie eine gewisse Anzahl an Attraktionen kostenlos besichtigen und der Stadtplan ist auch inbegriffen. Kostenlose Audioguides in Museen erhalten Sie zusätzlich. Informieren Sie sich vorher, welcher Guide für Sie am besten ist.

Lohnen sich die Pässe? Das hängt ganz von Ihnen ab. Wollen Sie viel sehen und die Hauptattraktionen der Stadt besuchen, dann auf jeden Fall. Trotz alledem rate ich Ihnen, die Stadt auch mal auf eigene Faust zu erkunden, beispielsweise mit dem Fahrrad oder zu Fuß. Hierzu komme ich später noch einmal.

DER BUS

Als kompliziert empfinden viele Leute das **Busfahren**. Die meisten trauen sich gar nicht erst den Bus in großen Städten zu nutzen. Um an spezielle Orte zu kommen und so wenig Fußweg wie möglich zu machen, kann man schon mal auf den Bus umsteigen. Hier gibt es vier verschiedene Typen von Buslinien. Linea Esatta ist kennzeichnet durch ein weißes E auf einem roten Hintergrund. Ihr Fahrplan weist genaue Abfahrtszeiten auf. Linea Espressa wird für Sie wohl am wichtigsten sein. Sie hält an den wichtigeren Stationen ohne weitere Zwischenhalte.

Beispielsweise schließt die Linie 40 den Bahnhof Termini an den Vatikan an. Sie wird kenntlich gemacht durch ein X. Eine weitere ist Linea Urbana mit dem U. Diese werden Sie am häufigsten antreffen. Die Busse dieser Linie sind gleichzusetzen mit den normalen Stadtbussen hier in Deutschland. Sie fahren im Linienverkehr in einem 5-10 Minutentakt.

Eine letzte, vermutlich uninteressantere Linie, ist die Linea Notturna. Sie hat eine Eule als Kennzeichen, auf ihr fahren Nachtbusse und diese sind die einzigen Fortbewegungsmittel zwischen 0:00 Uhr und 5:30 Uhr.

DIE TRAM

Kurz zu erwähnen ist außerdem die **Tram**, also die Straßenbahn Roms. Diese können Sie getrost vernachlässigen, da sie kaum an nennenswerten Orten hält. Einzig die Linie 3 könnte von Bedeutung werden. Sie fährt unter anderem das Kolosseum und den Circus Maximus an.

TICKETS

In Sachen Tickets lassen sich alle öffentlichen Verkehrsmittel gut zusammenfassen. Ein Einzelfahrschein kostet circa 1,50 € und ist 100 Minuten gültig. Diese zählen ab dem Zeitpunkt der Entwertung am Drehkreuz. Wichtig hierbei ist, dass Sie zwischen den öffentlichen Verkehrsmitteln nur einmal umsteigen können. Also Bus – Metro – Bus, oder andersherum, würde nicht funktionieren. Bus – Bus – Metro, allerdings schon. Wenn Sie länger mobil bleiben möchten oder sogar mehrmals am Tag fahren, lohnt sich ein 24-Stunden-Ticket, 48-Stunden-Ticket, 72-Stunden-Ticket oder sogar ein Wochenticket. Für 24 h zahlen Sie 7 €, für 48 h 12,50 €, für 72 h 18 € und für eine Woche 24 €.

Die 24 € entsprechen 3,42 € pro Tag. Vorausgesetzt Sie fahren mindestens zweimal pro Tag. Rechnen Sie aus, welches Angebot für Sie am passendsten ist. Bleiben Sie sieben Tage in Rom, machen Sie mit dem Wochenticket eigentlich nichts verkehrt und können, ohne nachzudenken fahren, wohin Sie wollen. Sie bekommen alle Tickets an gewöhnlichen Automaten der jeweiligen Stationen. An manchen Bushaltestellen wird es allerdings schwierig, diese vorzufinden. Sorgen Sie also vor und decken Sie sich gut ein. Die Automaten lassen sich übrigens auch auf Deutsch umstellen. Alternativ gibt es in den Kiosken „Tabacchi" Fahrkarten. Hier können Sie sich ebenso eindecken. Vom Schwarzfahren rate ich Ihnen eher ab. Denn die Tickets sind so günstig und die Strafen so hoch, dass es sich einfach nicht lohnen würde.

HOPP – ON HOPP – OFF

Suchen Sie nach einer alternativen Lösung, können Sie auch die breit gestreuten **Sightseeing-Busse** nutzen. Diese halten an allen wichtigen Standorten in Rom und sind ein Touristenmagnet. So lässt sich Rom am einfachsten erkunden. Die Touristenlinien sind in erster Linie die 110 open und der Archeobus. Diese sogenannten Hopp-on und Hopp-off Routen erlauben Ihnen die stetige Unterbrechung der Tour sowie die sofortige Wiederaufnahme. Sie nutzen also nach dem Ausstieg und der Erkundung der Sehenswürdigkeit den nächstfolgenden Bus an der vorgesehenen Haltestelle. Wenn die öffentlichen Verkehrsmittel also mal wieder völlig überfüllt sind, nutzen Sie gerne diese Möglichkeit der Fortbewegung.

DAS FAHRRAD

Für kleinere Strecken bietet sich das **Fahrrad** an. Bei schönem sonnigem Wetter und den kurzen Wegen Roms, können Sie auf das Fahrrad zurückgreifen. Fahren Sie gemütlich Ihre vorher festgelegte Route ab oder radeln Sie entlang der Gassen Roms querfeldein und halten Sie wo immer Ihnen danach ist.

Fahrräder können Sie im Vorfeld buchen oder vor Ort leihen. Aufgrund der hohen Nachfrage empfehle ich Ihnen, vorweg eines zu buchen. Für zehn Stunden bekommen Sie die Räder ab 18 €. Wahlweise für 8 Stunden auch ab 15 €. Hier gebe ich Ihnen den Tipp, sich im Vorfeld zu erkundigen und das Rad zu buchen. Denn auch dabei können Sie wieder sparen. Verschiedene Angebote von verschiedenen Internetanbietern lassen dies zu. Beispielsweise haben Sie für 53 € die Auswahl an verschiedenen Rädern, den Eintritt in das Kolosseum, eine Tour durch das Kolosseum, ohne anzustehen, nette Snacks und einen Guide.

Sehenswürdigkeiten

In Rom gibt es bekanntlich viel zu sehen. Sie können es priorisieren, je nachdem welches antike Gebäude Sie zuerst sehen wollen, oder Sie ordnen es sich geographisch. Um es ein bisschen übersichtlicher zu gestalten, habe ich meine Top Ten im Folgenden gegliedert. Diese Top Ten sind ungefähr so zusammengestellt, dass von einem Spot zum nächsten, wenn möglich, nur wenige Gehminuten benötigt werden.

PALATIN HÜGEL

Der **Palatin Hügel** ist nachweislich der älteste bewohnte Teil in Rom und gehört zu den bekannten sieben Hügeln. Im 9. und 10. Jahrhundert siedelten sich hier die ersten Bewohner an. Wie bereits in der Geschichte von Rom erwähnt, wurden die umliegenden Sümpfe mittels des Kanalisationssystems trockengelegt. So entstand auf diese Art und Weise auch das Forum Romanum. Später begann auch die Errichtung zahlreicher anderer Tempel in diesem Gebiet. Der Palatin Roms sticht jedoch hervor.

Die Ruinen und Tempel werden Sie beeindrucken. Schauen Sie sich dort auch das einstige Regierungsgebäude an, die Domus Flavia und besuchen Sie das kostenlose Museum. Schlendern Sie auch durch die Farnesischen Gärten, die im 16. Jahrhundert angelegt wurden. Zuletzt lege ich Ihnen das Haus des Augustus an das Herz. Kaiser Augustus war der erste, der seine Residenz hier auf dem Hügel errichtete. Vierzig Jahre lebte er dort. Seine Verbindung zu diesem Ort hatte er durch seine Geburt am Palatin. Der Eintrittspreis liegt bei ungefähr 12 € beziehungsweise 7,50 € für EU-Bürger zwischen 18 und 25 Jahren. Auch hier können Sie wieder sparen.

Wählen Sie ein Kombiticket und erhalten Sie gegen einen moderaten Aufpreis weitere Eintritte, ohne anzustehen. Besuchen können Sie den Palatin Hügel täglich ab 8:30 Uhr. Je nach Saison haben Sie bis 16:30 Uhr oder 19:15 Uhr Zeit. Schauen Sie vom Hügel herab und genießen Sie die Aussicht.

TREVI-BRUNNEN

Unmittelbar im Zentrum der Stadt, an der Metro-Station Barberini und auf der Piazza di Trevi befindet sich der **Trevi-Brunnen**. Ein weiteres Highlight. Und es ist sogar kostenlos! An der Rückseite des Palazzo di Poli erstrahlen die Verzierungen des schönen Brunnens. Seine Entstehung war der Preis eines Wettbewerbes. Papst Clemens XII. organisierte einen Architekturwettbewerb, den Nicola Salvi gewann. Dreißig Jahre hat es gedauert ehe der Brunnen im Jahr 1762 fertiggestellt wurde. Leider erlebte er selbst dieses Ereignis nicht mehr.

Er verstarb elf Jahre zuvor. Salvi wäre sicher stolz auf den barocken Brunnen gewesen. Benannt wurde er nicht nach seinem Erbauer, sondern der Lage. „Tre vie" bedeutet „drei Straßen" und wurde deshalb so genannt, weil früher drei Straßen an dem Punkt zueinander führten. Sicher haben Sie schon von dem Spektakel mit den Münzen gehört. Dieses gehört zum Trevi-Brunnen dazu.

Wenn Sie eine Münze in den Brunnen werfen, hilft er Ihrem Schicksal auf die Sprünge. Wichtig ist aber, dass Sie die Münze korrekt werfen. Sie werfen immer diagonal, also mit der linken Hand über die rechte Schulter oder mit der rechten Hand über die linke Schulter. Außerdem stehen oder sitzen Sie rückwärts zum Brunnen. Um es jetzt komplett perfekt zu machen, wählen Sie die Anzahl der Münzen. Eine Münze bedeutet, Sie kehren irgendwann zurück nach Rom. Bei der zweiten Münze gibt es zwei Varianten. Die erste meint, dass Sie sich in einen Römer oder eine Römerin verlieben.

Die andere, dass ein persönlicher Wunsch in Erfüllung geht. Und die letzte Zahl lautet drei. Dreier Münzen bedarf es, um das Glück perfekt zu machen. Denn bei Ihnen steht eine Hochzeit an. Nicht nur irgendeine Hochzeit, sondern die von Ihnen und Ihrem Römer oder Ihrer Römerin - Glückwunsch. Haben Sie sich schon gefragt was mit dem Geld passiert? Sie werden sehen, so viele Münzen wie dort im

Brunnen landen, die müssen auch irgendwohin. Dafür gibt es eine einfache Lösung. Jeden Montag wird der Brunnen leer gepumpt und das Geld für einen guten Zweck gespendet. Im Jahr 2017 kamen hier insgesamt umgerechnet 1,4 Millionen Euro zusammen. Umgerechnet, da die Länder mancher Touristen keinen Euro führen.

Das Geld geht an die Caritas, die mit ihren Projekten Hilfsbedürftige und Obdachlose versorgt. Greifen Sie jedoch nicht zu, um den einen oder anderen Euro abzustauben und gehen Sie nicht in dem Becken baden. Die Polizei ist rund um die Uhr präsent und greift hart durch. Es kann zu empfindlichen Geldstrafen kommen. Der perfekte Zeitpunkt, um den Trevi-Brunnen zu besuchen ist wohl am frühen Morgen. Die meisten Touren starten erst gegen 10 Uhr. Gepaart mit dem Sonnenaufgang und der Leere an dem Brunnen, gibt das sicher ein schönes Urlaubsfoto. Wollen Sie die Lage vor Ort aus dem Hotelzimmer überblicken, erhalten Sie Einsicht durch die Webcam am Trevi-Brunnen.

SPANISCHE TREPPE

Ungefähr 8 Minuten Fußweg vom Brunnen entfernt, liegt die **Spanische Treppe**. Diese erreichen Sie auch über die Metro-Station Spagna. Die Spanische Treppe hat ihren Namen aufgrund der direkten Lage zur spanischen Botschaft, welche früher exterritorialer Besitz der Spanier war. Die Italiener orientieren sich da eher an der oben gelegenen Kirche. Daher bezeichnen sie die Treppe als „Scalinata di Trinitá dei Monti". Die 68 Meter lange Treppe trägt viel Geschichte in sich. Es waren nicht die Spanier, die in den Konflikt mit dem Papst einschritten, sondern die Franzosen, welche dem Papst die Übernahme der Kosten zusicherten. Allerdings wollte der französische Herrscher eine Statue seiner selbst dort errichten. Was dem Papst logischerweise nicht gefiel. Nun steht ein Obelisk am Ende der Treppe. Der Grund, warum es die Franzosen und nicht die Spanier waren, liegt in der oben befindlichen Kirche. Sie ist nämlich französisch. Trinitá dei Monti, wie die Kirche heißt, thront oben auf der Spanischen Treppe. Verbinden Sie auch wieder mehrere Sehenswürdigkeiten miteinander. Die Kirche mit ihren zwei großen weißen Türmen wirkt sehr kolossal. Sie wurde im Jahre 1587 vollendet. Der Obelisk zwischen der Treppe und der Kirche wurde übrigens erst 1789, nach ägyptischem Vorbild, aufgestellt. Er hat eine Höhe von 14 Metern. Gegenüber und unterhalb der Treppe befindet sich der Brunnen Fontana della Barcaccia. Er wurde noch vor der Spanischen Treppe errichtet. Die Statue in der Mitte soll einen Kahn darstellen. Sie soll an die Überschwemmung des Tiber erinnern. Auch hier ist der Eintritt natürlich kostenlos und zu jeder Zeit ist ein Besuch möglich.

PANTHEON

Wieder nur 8 Minuten oder 700 Meter entfernt liegt das **Pantheon**. Ein weiterer Klassiker der Römer. Bevor das Pantheon zu einer Kirche geworden ist, schuf man es eigentlich für die Götter. Als einzige Lichtquelle dient ein großes Loch in der Decke. Dennoch wurde eine Scheibe eingesetzt, welche vor Wind und Wetter schützen soll. Es kommt manchmal vor, dass trotzdem ein wenig Feuchtigkeit von der Decke tropft. Passen Sie also auf, es könnte rutschig sein. Zu Pfützen kommt es in der Regel nicht, denn in dem originalen Boden aus Marmor sind

Abflüsse integriert. Der Eintritt ist auch hier wieder kostenlos und Sie können es werktags von 9:00 Uhr bis 19:30 Uhr und sonntags von 9:00 bis 18:00 Uhr besuchen. Am 25. Dezember und dem 1. Januar bleibt das Pantheon geschlossen.

CIRCUS MAXIMUS

Versprechen Sie sich nicht zu viel von dem **Circus Maximus**. Trotzdem ist es in meinen Top Ten. Er sieht aus wie ein Fußballplatz mitten in der Stadt. Es fehlen nur Linien und Tore. Es ist kaum etwas übrig von dem einstigen Unterhaltungswerk, dennoch ist diese vermeintliche Wiese voller Geschichte und Tod. Die Wagenrennen waren nicht gerade ungefährlich und die Gladiatorenkämpfe immer tödlich. Auf den Rängen des Circus Maximus hatten bis zu 250.000 Menschen Platz. Stellen Sie sich das mal vor, wenn Sie dort stehen. Die Fläche wird heute noch von vielen Römern in der Freizeit genutzt. Jogger laufen hier oder Konzerte werden gegeben. Auch hier wieder kostenloser Eintritt und keine Öffnungszeiten.

ENGELSBURG

Ein Katzensprung vom Vatikan entfernt liegt die Castel Sant'Angelo, die **Engelsburg**. Bekannte Filmklassiker wurden hier gedreht und sie dürfte Ihnen daher bekannt vorkommen. Die Burg erstreckt sich mit ihrer Engelsbrücke direkt über den Tiber und hat, wie fast alles in Rom, eine beeindruckende Geschichte hinter sich. Genutzt wurde sie für vieles. Vom Mausoleum über die Heimstätte des Papstes bis hin zur Kaserne. Fast alles war dabei, selbst prominente Inhaftierte wie Galileo Galilei. Wenn Sie die Engelsburg von innen bestaunen wollen, sind Sie mit 10 € Eintritt, beziehungsweise 5 € für EU-Bürger zwischen 18 und 25, dabei. Im Inneren dürfen Sie dann Gemälde, Mobiliar, Waffensammlungen, Gemächer früherer Päpste und das Mausoleum von Kaiser Hadrian erwarten. Sie können die Burg täglich von 9:00 Uhr – 19:00 Uhr betreten. Planen Sie für die Erkundung 3-4 Stunden ein, um alles in Ruhe zu betrachten. Sollten Sie den Geheimgang, beziehungsweise den Fluchtweg, der Päpste bestaunen wollen, müssen Sie eine Extratour buchen. Diese ist aber gar nicht so schlecht! Der Gang verbindet den Vatikan mit der Engelsburg, das heißt Sie bekommen auch hier etwas für Ihr Geld geboten. Beginnen wird die Tour auf der Piazza del Popolo, vor der Kirche der Erleuchtung, der Santa Maria del Popolo. Über verschiedene Seitenstraßen und mit vielen Eindrücken über das Christentum, kommen Sie durch den „Passetto di Borgo" direkt zur Engelsburg. Ihr Guide wird Ihnen viel über die Symbolik und Bedeutung der Gegenstände erzählen. Ein Ticket hierfür liegt ungefähr bei 64 €, sie startet um 9:00 Uhr und geht circa 4 Stunden. Abgesehen von der Tour können Sie die Burg allerdings auch kostenfrei betreten. Vorausgesetzt Sie haben sich für einen der City-Pässe entschieden.

KOLOSSEUM

Eines der bekanntesten Wahrzeichen Roms, wenn nicht sogar der ganzen Welt, ist das **Kolosseum**. Das größte erbaute Amphitheater der Welt ist auch Teil der sieben Weltwunder der Neuzeit. Während sich die 50.000 – 60.000 Römer viele blutige und teilweise aussichtslose Kämpfe ansahen, gab es zu dem kostenfreien Eintritt auch noch kostenfreies Brot zur Verpflegung der Besucher. Dies diente in allererster Linie nur den politischen Überzeugungen des Kaisers. Er wollte Aufständen vorbeugen und das Volk bei Laune halten. Sieht man sich das Kolosseum genauer an, darf es schon als ein technisches Meisterwerk betitelt werden.

Durch Hebebühnen wurden die Objekte aus den Katakomben auf die Fläche gehoben. Außerdem konnte es geflutet werden, so war der Kaiser im Stande, für ein wenig Abwechslung zu sorgen. So ließ er einfach ein paar Seeschlachten nachspielen. Das Hypogäum ist im Preis inbegriffen, jedoch nur in limitierter Zahl zu besichtigen. Also kümmern Sie sich lieber im Vorfeld um eine Besichtigung.

Natürlich sind Sie nicht die Einzigen, die diese Unterkammer sehen wollen. Wie bereits erwähnt, können Sie hier ein Kombiticket erwerben, um die drei Topsehenswürdigkeiten zu bestaunen. Allerdings können manche Teile nur mit einer Besichtigung erkundet werden. Hier sollten Sie sich ebenfalls im Vorfeld nochmal genauer erkundigen. Das Ticket können Sie dann direkt im Internet erwerben. Es ist vielleicht ein paar Euros teurer, aber erspart Ihnen die lange Wartezeit in der Hitze. Seien Sie pünktlich! Wenn Sie mindestens 15 Minuten zu spät sind, dann verfällt Ihr Ticket. Das Kolosseum ist, wie zu erwarten, wieder nur am 25. Dezember und am 01. Januar geschlossen. Ansonsten öffnet es pünktlich um 8:30 Uhr. Wie lange das Kolosseum öffnet, hängt von verschiedenen Faktoren ab wie Jahreszeit oder Sommer-/Winterzeit. Informieren Sie sich bitte vorher, wie lange es öffnet.

Diese starken Schwankungen bei den Öffnungszeiten liegen vor allem daran, dass man sich dazu entschlossen hat, das Gesamtbild des antiken Gebäudes zu erhalten. Daher wird weitestgehend auf künstliche Beleuchtung verzichtet. Die Sicherheitsvorkehrungen sind sehr hoch. Kleine Tagesrucksäcke sind erlaubt, große Wanderrucksäcke oder Rollkoffer sind verboten, genauso wie Glasflaschen. Die Flaschen sind generell bei dem Betreten der Anlage zu leeren. Das ist in der Regel aber kein Problem, denn Sie können diese ja jederzeit an den vielen Trinkbrunnen wieder auffüllen.

Um noch einen Satz zu Lage und Anfahrt zu verlieren, kann ich Ihnen sagen, dass es wohl die am entspanntest gelegene Anfahrt ist. Die U-Bahn-Linie B fährt direkt vor das Kolosseum an die Haltestelle „Colosseo". Zahlreiche Bus- und Tram-

Verbindungen halten hier. Selbst der Weg zu Fuß ist eine Option. Von der antiken Innenstadt, zum Beispiel der Spanischen Treppe, sind es nur 25 – 30 Minuten zum Kolosseum.

FORUM ROMANUM

Nun endlich komme ich zu dem **Forum Romanum**, welches ich immer wieder in den kombinierten Tickets erwähne. In diesem antiken Bauwerk lag früher das politische und wirtschaftliche Zentrum der Stadt. In diesem Tal war früher immer etwas los. Von hier aus wurde Rom zu einer Weltmacht. Alle Geschicke und Handlungen fanden hier ihren Ursprung. Es fanden Märkte statt, Kaiser wurden gekrönt, Versammlungen abgehalten und politische Entscheidungen getroffen. Aufgrund dieser hohen Bedeutung sollte es mit auf die Liste. Zudem zählt es zu den wichtigsten Ausgrabungsstätten des antiken Roms. Durch die „Cloaca Maxima" entstand dieses Bauwerk im Tal. Da dieses nun erstmal trockengelegt werden musste. Sie befindet sich auch noch unterhalb des Forums. Um das Forum herum, welches übrigens das Gegenstück zu der griechischen

„Agora" ist, wurden mehrere Gebäude hochgezogen. Diverse Tempel, Senatsgebäude und Gerichte wurden erbaut. Da auf dem Forum häufig Urteile gesprochen wurden, bot sich ein kurzer Weg zu den Gerichtsgebäuden an. Mit der Verlegung des Hauptsitzes von Kaiser Konstantin in das heutige Istanbul, begann der Untergang von hier aus.

Nach einem schweren Erdbeben im 9. Jahrhundert wurde das Schicksal des Forums besiegelt. Erst im Jahr 1788 begann ein Schwede mit der Ausgrabung des Areals. Zwar lassen sich nur noch Reste erkennen, dennoch lässt die Fantasie erahnen, welch blühendes Leben sich hier abgespielt hat. Zu den werterhaltendsten Gebäuden zählt der Septimius–Severus–Bogen. Er ist komplett mit Marmor verkleidet und sage und schreibe 21 Meter hoch.

Dieser fällt bei einem Blick auf das Forum auch sofort auf, wie ich finde. Der zweite Bogen nennt sich Titusbogen. Dieser hat seine besten Tage schon hinter sich, allerdings erkennt man die Inschriften und Reliefs immer noch genau. Diese beiden Bögen wurden zu Ehren zweier Kaiser errichtet. Die Basilica Iulia ist eine große Markthalle inmitten der Anlage. Anfangs soll sie Caesar errichtet haben und von anderen Kaisern kontinuierlich wiederaufgebaut, da sie viele Brände erlitt. Am Ende lassen aber leider nur noch einige Arkadenbögen die Umrisse erahnen. Es gibt noch einige Säulen der Rundtempel.

Vesta, wie der Tempel genau heißt, hatte im Inneren immer ein ewiges Feuer, welches das Lebenslicht Roms symbolisieren sollte. Sechs Vestalinnen kümmerten sind Tag und Nacht um dieses Feuer. Sie passten auf, dass es nie erlosch. Wie bereits mehrfach erwähnt, können Sie hier mit dem kombinierten Ticket täglich ab 8:30 Uhr eintreten. Spätestens zwischen 16:30 Uhr und 19:15 Uhr, je nach Saison, sollten Sie das Gelände wieder verlassen. Abgesehen von dem Ticket lohnt es sich diese drei Sehenswürdigkeiten zusammmen zu besichtigen, da sie eine direkte Lage zueinander haben.

Der Palatin Hügel und das Forum Romanum sind direkt durch eine Treppe, beziehungsweise einen Durchgang, verbunden. Auch das Kolosseum ist nicht weit entfernt. Die Tickets können Sie nicht mehr an den beiden erstgenannten Sehenswürdigkeiten erwerben. Diese gibt es nur noch am Kolosseum und sie berechtigen Sie zum Eintritt in alle drei Sehenswürdigkeiten. Bei dem Kauf bekommen Sie eine Zeit mit, diese haben Sie dann, um die Sehenswürdigkeiten zu besuchen. So wird verhindert, dass zu viele Besucher in das Kolosseum einströmen. Also eine verständliche Sicherheitsmaßnahme. Auch hier lege ich Ihnen mal wieder ans Herz, die Tickets im Vorfeld zu buchen, um sich noch eine Zeit aussuchen zu können. Mit ganz viel Pech stehen Sie an der Kasse und es gibt nur noch Tickets für den darauffolgenden Tag, weil alle Zeitfenster für den besagten Tag schon vergeben sind.

PIAZZA DEL POPOLO

Wer auch hier wieder die Filme des Da Vinci Codes gesehen hat, der kennt den **Piazza del Popolo** und seine umliegenden Kirchen. Wenige Straßen entfernt vom Tiber und der Metro – Station Flaminio - erstreckt sich der geschichtsträchtige Platz. Das Tor für Einreisende war es, weil viele Leute aus dem Norden kommend die Handelsstraße Via Flaminia nahmen und direkt auf der Piazza landeten. Auf der Nordseite des Platzes können Sie das gewaltige Tor bestaunen. Die Römer nennen es auch „Porta del Polo". Dieser Platz ist ein Spot für viele Touristen und Einheimische. Lassen Sie sich von dem Trubel nicht ablenken und sehen Sie die Highlights auf und neben diesem Platz. Mitten auf dem Platz steht der 23 Meter hohe Obelisk. Er stammt aus Ägypten und wurde schätzungsweise im 10. Jahrhundert vor Christus erbaut. Interessant ist, dass er einst am Circus Maximus stand und in den darauffolgenden Jahrzehnten versetzt wurde.

Die Santa Maria in Monte Santo und die Santa Maria dei Miracoli sind beides Kirchen, genauer die Zwillingskirchen. Die Filmkenner unter Ihnen werden sich erinnern. Dabei ist die Kuppel der kleineren Santa Maria dei Miracoli rund und die größere Santa Maria in Monte Santo ellipsenförmig geformt. Auf den ersten Blick sehen beide Kirchen identisch aus, dem ist allerdings nicht so.

Wenn Sie sich gerne Kirchen anschauen, können Sie auch noch die dritte Kirche am Platz bestaunen. Die Santa Maria del Popolo. Wenn Sie zufällig am Abend dort sind, gehen Sie auf die östlich gelegene Terrazza del Pincio und genießen Sie den Sonnenuntergang. Diese Terrasse ist nämlich nach Westen ausgerichtet.

VILLA BORGHESE

Zum Abschluss der Top Ten empfehle ich Ihnen die Parkanlage Villa Borghese. Sie liegt oberhalb der Piazza del Popolo und ist daher sehr bequem zu erreichen. Selbst mit dem Bus ist sie leicht zu erreichen. Studieren Sie doch einfach mal den örtlichen Busplan. Der Park war der Landsitz eines Kardinals im 17. Jahrhundert auf dem Pincio Hügel. Dieser Park bietet nicht nur Grünanlagen, die Sie genießen können, sondern auch eine Galerie und einen Zoo.

Des Weiteren gibt es ein kleines Kino im Inneren des Parks, welches nachmittags Kinderfilme zeigt. Bei einer entspannten Runde mit dem geliehenen Rad können Sie an dem künstlich angelegten See, dem Laghetto di Villa Borghese, eine Runde entspannen. Ruderboote werden ebenso verliehen wie Fahrräder. Mit erstgenanntem können Sie den Tempel, der Asklepios geweiht ist, besuchen. Asklepios war der Gott der Heilkunde. Der Park an sich ist natürlich kostenlos. In der Galerie innerhalb der Parkanlage befinden sich unter anderem Werke von da Vinci und Rubens. Interessierte können sich die Tickets bereits ab 15 € sichern, der ermäßigte Preis liegt bei 8,50 €. Zu ausgewählten Sonderausstellungen kann der Preis abweichen. Auch hier gilt, wer sich die Tickets im Vorfeld kauft, hat eine Sicherheit auch hineinzugelangen. Sie sind zwar minimal teurer, aber Ihnen wird gewährleistet, dass Sie am gewünschten Tag, zur gewünschten Uhrzeit, die Galerie betreten können. Die Tickets sind nämlich begrenzt. Die Zahl der Besucher ist stark limitiert. In fünf Runden wird je 360 Besuchern Zutritt gewährt. Der Bioparco ist der Zoo in Rom. Ihn können Sie für 16 € betreten. Bei Jüngeren unter 12 Jahren beträgt der Preis 13 €. Der Park wurde von Carl Hagenbeck entworfen. Der Zoo weist also charakterliche Züge des Hamburger Zoos auf. Ein wenig Heimat in einem fremden Land. Zumindest für die von Ihnen, die schon einmal in Hagenbecks Tierpark in Hamburg waren.

Der Vatikan

Für mich persönlich das Highlight meines Rom Urlaubs. Der **Vatikan**. Mit nur 0,44 Quadratkilometern oder 44 Hektar Fläche ist er der kleinste Staat der Welt. Nicht nur für Gläubige ist dieser Staat etwas Besonderes, sondern auch für diejenigen, die ihn besuchen. Eine wahre Schönheit. Der Vatikan wird nur von Männern regiert und übt durch das Oberhaupt, den Papst, großen politischen Einfluss aus. Abgesehen von der Politik ist er für über eine Milliarde Katholiken das Zentrum des Glaubens. Jährlich strömen über 6 Millionen Menschen in den kleinen Staat. Darunter auch viele

Pilger. Gerade zu den bekannten katholischen Feiertagen ist Rom beziehungsweise der Vatikan gut besucht. Was viele gar nicht wissen ist, dass der Vatikan so sehr ein eigener Staat ist, dass die Bürger eine eigene Staatsbürgerschaft besitzen, sie eine eigene Bank haben, sie selber Münzen prägen und Briefmarken herausgeben und ihre Autos mit eigenen vatikanischen Kennzeichen fahren.

Zwar ist der Vatikan seit dem 8. Jahrhundert ein eigener Staat, dennoch fiel er 1309 in die völlige Abhängigkeit der französischen Krone. Hier begann auch das Exil der Päpste in Avignon. Fast 70 Jahre residierten die Päpste in der französischen Stadt Avignon. 1377 kehrte der erste Bischof zurück nach Rom und der Vatikan wurde wieder zum Aushängeschild der katholischen Kirche. Der Papst im Vatikan führt noch eine der wenigen Monarchien auf der Welt. Zwar wird der Papst gewählt, doch hat nicht jeder dieses Recht. Ausschließlich das Kardinalskollegium nimmt an der Wahl teil. Der Papst hat ein Amt voller Macht. Er vereint alle Staatsgewalten miteinander, die Legislative, die Exekutive und die Judikative. Anders ausgedrückt ist er Herrscher über die Gesetzgebung, die ausführende Gewalt und die

Gerichtsbarkeit. Dies unterscheidet unter anderem die Monarchie von vielen Demokratien. Einmal gewählt, kann der Papst nicht vom Thron gestoßen werden. Er muss selbst abdanken oder versterben. Solange bleibt er Herrscher des Vatikans.

DER PETERSPLATZ

Zu solch einer demonstrativen Herrschaft gehört natürlich auch eine Kirche der Superlative. Vor dieser Kirche liegt der **Petersplatz**. Der wohl bekannteste Platz der Welt hat eine Fläche von über 35.000 Quadratmetern. Bernini entwarf den Platz Mitte des 17. Jahrhunderts, kurz nach der Fertigstellung des Petersdoms. Der Vatikan ist durch eine Stadtmauer von Rom abgegrenzt. Diese zeigt sich noch am Petersplatz in Form mehrerer Säulen. 284 Säulen sollen es sein, die die Staatsgebiete unterscheiden. Allein für den Petersplatz sollten Sie eine knappe Stunde anberaumen. Zum einen, um den Platz auf sich wirken zu lassen und zum anderen, um seine kleinen Wahrzeichen zu erkunden. Gehen Sie durch die Bögen der 284 Säulen und nutzen Sie den guten Spot für ein Foto. Inmitten des Petersplatzes finden

Sie den vatikanischen Obelisken mit seinen zwei Brunnen. Normalerweise ist es kein Problem auf den Petersplatz zu gelangen. Der Staat zeigt sich der italienischen Hauptstadt geöffnet.

Gehen Sie einfach an der Gendarmerie vorbei oder passieren Sie die durchlässigen Absperrungen, die teilweise durch Metallzäune markiert worden sind. Der Eintritt ist daher frei. Anders ist es mittwochs und am Sonntag. Hier sollten Sie einiges beachten und mehr Zeit mitbringen, denn die Sicherheitskontrollen sind durchaus verschärft. Am Mittwoch findet die Generalaudienz statt und am Sonntag bittet der Papst zum Angelusgebet.

An der erstgenannten können Sie in der Regel problemlos teilnehmen. Vorausgesetzt natürlich, dass der Papst auch in der Stadt ist. Selbst Menschen, die nicht dem katholischen Glauben angehören, ist es gestattet teilzunehmen. Dies sollten Sie auch wahrnehmen! Denn wann kommen Sie dem Pontifex das nächste Mal so nahe? Es benötigt allerdings immer eine Voranmeldung. Dies können Sie auf der Internetseite des Pilgerzentrums tun. Die Karten sollten Sie dementsprechend am Montag oder Dienstag abholen, da es am Mittwoch bereits zu spät ist.

Achtung vor irgendwelchen Händlern. Die Audienz ist und bleibt kostenlos, also lassen Sie sich auf keine krummen Geschäfte ein.

DER PETERSDOM MIT KUPPEL

Wahrscheinlich der Messias unter den Kirchen. Wahrscheinlich die größte und bedeutendste Kirche der Welt. **Der Petersdom.** Der imposante und mächtige Dom wird jährlich von Millionen von Menschen besichtigt. Der Bau der riesigen Kirche dauerte circa 120 Jahre. Nachdem einige Künstler in jener Zeit am Werk waren, prägte Michelangelo die Kirche wohl am meisten. Die Kuppel war unter anderem sein Werk. Erst einige Zeit später erfolgte der Bau des Petersplatzes. Er wurde von Bernini umgesetzt.

Wenn ich in meinem Rom Urlaub nur eine Sache unternehmen dürfte, dann wäre es diese. Die ganze Geschichte, die sich dahinter verbirgt und die Atmosphäre sind einzigartig. Westlich des Tiber gelegen, bildet der Dom das Herz des kleinen Staates. Direkt an der Metro – Haltestelle „Ottaviano" - liegt der Petersdom. Sie sind also mit sämtlichen öffentlichen Verkehrsmitteln gut bedient.

Wenn Ihr Hotel ziemlich zentral liegt, können Sie diesen Weg auch sehr gut zu Fuß meistern. Im Inneren der Kirche erstreckt sich der katholische Glauben über 15.000 Quadratmeter. Die unzähligen Statuen, die ebenso von Michelangelo und Bernini entworfen wurden, schmücken die große Halle und sorgen für ordentlich Eindruck. Gefühlt besteht die Hälfte des Raumes aus wertvollem Marmor. Dies lässt erahnen, wie wertvoll diese Kirche ist. In der 187 Meter langen Kirche finden bis zu 20.000 Gläubige einen Platz. In der 130 Meter hohen Kuppel wird dem einen oder anderen schlecht.

Sie wurde von Michelangelo entworfen. Wenn Sie sich fragen, wie das Meisterwerk der Ingenieurskunst Wind und Wetter standhält, kann ich Ihnen die Antwort darauf geben. Die Kuppel besteht eigentlich aus zwei Kuppeln. Eine innere, die sie trägt und eine äußere, die sie schützt. Durch das Zusammenziehen und Ausdehnen der Mosaike kommt es so nicht zu Schäden. Machen Sie sich auf lange Schlangen gefasst, denn in der Hochsaison will hier nahezu jeder Tourist hoch. Die 551 Stufen dürfen Sie für 8 € erklimmen. Für 10 € können Sie den Aufzug benutzen. Den Zwischenraum der beiden Kuppeln können Sie auch erkunden, dafür ist auch ein separater Eingang vorhanden.

Wichtig hierbei ist, dass Sie genug Bargeld dabeihaben, denn nur so kommen Sie auf die Kuppel. Es wäre extrem ärgerlich, sollten Sie nach langem Anstehen wieder umkehren müssen. Insgesamt stehen 12 Kapellen und fast 50 Altäre in ihm. Auf dem vermuteten Grab von Petrus steht ein 28 Meter hoher Hochaltar, welcher von Bernini entworfen worden ist. Seinen mächtigen Eindruck entfaltet er vor allem dann, wenn Sie direkt vor ihm stehen. Eine Statue von Petrus gibt es auch. Streicheln Sie seinen Fuß, so soll er Gläubigen den Segen bringen. Auf der linken Seite des Domes befindet sich eine Schatzkammer. Diese ist vielen nicht bekannt.

Dort werden Sie keine Berge voll Gold finden, allerdings wertvolle Exponate. Sie befindet sich hinter der Sakristei. Das Grabdenkmal von Papst Sixtus IV. befindet sich ebenfalls hier. Es lassen sich weitere Dinge im Petersdom besichtigen, die Vatikanischen Grotten zum Beispiel. Der Petersdom wurde damals auf dem Boden der ursprünglichen alten Basilika von Konstantin gebaut. Dies spielte sich etwa um das 3. Jahrhundert ab. Überwiegend Gräber und

Kapellen befinden sich hier, 3,20 Meter unter der Erde.

In der Regel ist die Grotte ab 9 Uhr frei zugänglich. Dennoch werden hier Messen abgehalten, währenddessen Sie die Grotte nicht besichtigen können. Sie finden die Grotte am besten durch den Eingang am Hochaltar. Dieser führt dort unter die Erde. Sieben Meter tiefer liegt die Nekropole. Sie ist noch älter als die Vatikanischen Grotten. Ab dem 1. Jahrhundert wurden hier die Toten des Römischen Reichs begraben. Der Apostel Petrus soll hier ebenso begraben sein. Als Konstantin die Basilika neu aufbaute, verschüttete er die Nekropole. 1939 kam Sie bei Ausgrabungen wieder zum Vorschein.

Die Restaurierung begann allerdings erst 1998. Sie können auch diese Sehenswürdigkeit ohne Probleme besichtigen. Allerdings ist es hier nötig, sich vorab anzumelden. Eine Mail an Ufficio Scavi ist zwingend erforderlich. Hier wird Ihnen auch beschrieben, was nötig ist, um eine Genehmigung seitens des Ufficio Scavi zu bekommen. Tickets bekommen Sie ab 12,00 € und diese schließen einen Guide mit ein. Die Tour dauert etwa 1,5 Stunden und lohnt sich! Natürlich gibt es auch einige Vorschriften, an die Sie sich halten müssen. Für den heiligen Ort werden beispielsweise lange Hosen vorgeschrieben und bedeckte Schultern. Also müssen Sie sich auch hier im Vorfeld kümmern, allerdings habe ich Ihnen schon gesagt, dass sich der kleine Aufwand einer Mail lohnt! Bei vielen Kombitickets, wie dem City Pass, ist dieser Einlass inklusive. Ansonsten lohnt sich hier das Extraticket trotzdem. Für 20 € bekommen Sie ein solches und sparen bis zu zwei Stunden Wartezeit. Wie ich finde ein fairer Deal.

VATIKANISCHE MUSEEN UND SIXTINISCHE KAPELLE

Damit Sie während der 7 Kilometer langen Wegstrecke nicht den Überblick verlieren, gebe ich Ihnen hier ein paar kleine Anhaltspunkte, um alles besser verarbeiten zu können. Die Pinakothek ist wohl eine der wichtigsten Galerien Europas. Sie beherbergt Werke von Raffael, da Vinci und Caravaggio. Demzufolge können Sie davon ausgehen, dass sich die Werke vor allem um das 11. bis 19. Jahrhundert drehen. Die Galerie der Landkarten ist eine 120 Meter lange Halle, die auf dem Weg zur Sixtinischen

Kapelle liegt. Die Wände sind mit 40 topografischen Karten aus dem 16. Jahrhundert geschmückt. Alle Regionen Italiens werden hier abgebildet. Nummer 3 ist die Galerie für moderne Kunst. Hier finden Sie vor allem Werke aus den letzten beiden Jahrhunderten. Diese sind sehr interessant, da sie Ihnen Zugang zu sämtlichen christlichen Thematiken bieten.

Wie Sie merken, werden Sie hier nichts vermissen. Stanzen des Raffael – so nennen sich die unumstrittenen Highlights. Raffael gestaltete mit seinen Schülern einige Räume in dem ehemaligen Apostolischen Palast. Neben da Vinci und Michelangelo war er einer der bedeutendsten Künstler, die Italien je gesehen hat. Die Sixtinische Kapelle als Highlight und Nummer 5 der ganzen Anlage. Auch bei Nichtchristen ist sie bedeutend. Denn viele Touristen bestaunen die Wandmalereien und verdrehen ihre Köpfe. Michelangelo gestaltete dort das „Allerheiligste". Wandmalereien wie „Die Schöpfungsgeschichte" und „Das Jüngste Gericht" verstecken sich hier. Letzteres befindet sich auf der Altarrückwand und ist wohl eines der Bekanntesten seiner Art. Aufgrund der nackt dargestellten Männer sorgte es für einige Kontroversen. Nach seinem Tod wurde einer seiner Schüler damit beauftragt, Lendenschürze auf die 30 männlichen Abbilder zu malen und somit wurden sie zensiert. Insgesamt brauchte er 4 Jahre mit 18 Stunden an 7 Tagen in der Woche.

Am Ende kam ein 800 Quadratmeter großes Meisterwerk heraus. Die Öffnungszeiten sind von montags bis samstags von 9:00 Uhr bis 18:00 Uhr und prinzipiell ist am Sonntag geschlossen. Ausnahme bildet hier der letzte Sonntag im Monat, sofern er kein Feiertag ist. Da ist die Öffnungszeit von 9:00 Uhr bis 14:00 Uhr. Ansonsten spielen die üblichen katholischen Feiertage eine Rolle. Dies ist wie bei fast allen anderen Sehenswürdigkeiten mit hoher Relevanz des Glaubens. Das Ticket kostet circa 16 €. Auch hier gibt es wieder Tickets, ohne anzustehen, die empfehlenswert sind. Ansonsten braten Sie hier bis zu 3,5 Stunden in der prallen italienischen Sonne. Noch einmal der Hinweis, dass der Eintritt, ohne anzustehen in vielen City Pässen inklusive ist. Also wie öfter erwähnt, vergleichen lohnt sich!Budget

In Rom gibt es auf jeden Fall vieles zu entdecken, wie Sie nun erfahren haben. Und einiges kostet auch Eintritt, was bedacht werden sollte. Die besagten

Kombitickets, die in vielen Touren kombiniert werden können, sind teilweise recht teuer und kosten um die 60 €. Dies variiert immer mal wieder. Daher lohnt es sich, hier zu vergleichen und abzuwägen, was tatsächlich auch besucht werden soll.

Denn es wäre blöd, wenn Sie die Tickets nicht in Ihrer Gänze nutzen würden oder sie sogar verfallen. Die Hotels der Stadt reichen von Low-Budget bis High-Quality. Es liegt an Ihnen, wie viel Sie ausgeben wollen. Zudem kommt hinzu, dass Sie entscheiden müssen zu welchem Zeitpunkt Sie Ihre Reise planen. Aufgrund der vielen Punkte, die es zu beachten gilt, habe ich mich entschlossen, Ihnen keine Hotels direkt vorzuschlagen, bis auf eines. Natürlich werde ich es nicht namentlich erwähnen, dennoch haben Sie mehrere Anhaltspunkte, um es selbst im Internet wiederzufinden. Jenes Hotel sticht für mich deswegen heraus, weil es für recht wenig Geld ein echter Gewinn ist.

Das Unternehmen bietet Bungalows an, funktioniert aber ähnlich wie eine Hotelanlage. Diese bekommen Sie für 4 Nächte ab 114 €, inklusive Frühstück für 188 €. Die Preise zählen pro Bungalow, der Platz für 2 Personen bietet. Das bedeutet, Sie zahlen

94 € pro Person! Der Reisezeitraum zu diesen Preisen befindet sich im März. Das dort auf dem Gelände liegende Restaurant bietet italienische Küche und ist nicht im Preis inbegriffen.

Da Sie von mir angehalten wurden, sich durch das kulinarische Rom zu probieren, ist es empfehlenswert kein Abendessen mit zu buchen. Bei Bedarf können Sie spontan hierauf zurückgreifen. Alternativ können Sie das Frühstück nur für wenige Tage dazu buchen. Die Lage ist leider nicht ganz zentral, dennoch sind es mit dem Bus oder der U-Bahn nur circa 15 Minuten bis zum Petersplatz. Also noch völlig in Ordnung. Des Weiteren habe ich ein paar grundlegende Tipps für Sie. Ein Hotel zentral am Vatikan ist sehr empfehlenswert. Denn dort können Sie die Abende entspannt und vor allem spontan planen. Ob Sie sich nach dem Abendessen noch an den Tiber setzen oder im Dunkel der Nacht die Straße Richtung Petersplatz schlendern.

Ohne lange Fahrzeit können Sie hier Ihr Abendessen sacken lassen. Empfehlen würde ich Ihnen, das Abendessen außerhalb des Hotels einzunehmen. Buchen Sie also maximal das Frühstück zu Ihrer Übernachtung hinzu und gehen Sie lieber in eines der lokalen Restaurants.

Ende

Sind Sie schon aufgeregt? Oder haben Sie jetzt erst beschlossen, noch heute eine Reise nach Rom zu buchen? Wie auch immer. Ich hoffe, ich konnte Ihnen einigen Input für Ihre Reise nach Rom geben. Auch die geschichtlichen Hintergründe wollte ich nicht außer Acht lassen, denn das ist es, was Rom ausmacht. So können Sie jede Sehenswürdigkeit anschauen und bewundern, allerdings werden Sie alles mit anderen Augen sehen, wenn Sie die Geschichte dahinter kennen und verstehen. Wenn Sie dort gewesen sind, werden Sie mich verstehen können. Lesen Sie diesen Ratgeber anschließend an

Ihren Urlaub gerne noch einmal und genießen Sie die Gefühle, die Sie nun mit den von mir beschriebenen Sehenswürdigkeiten, Spezialitäten oder Tipps verbinden. Am Ende zählt nur, dass Sie Ihren Urlaub genossen und die wahre Schönheit Roms erkannt haben!

Packliste

Geld & Finanzen

O (evtl.) Auslandswährung
O Bargeld
O Bauchtasche
O Brustbeutel
O Bauchtasche
O EC-Karte
O Kreditkarte
O Notfall-Telefonnummern der Banken
O Portmonee

Hygiene

O Haarbürste / Kamm
O Deo (klein)
O Shampoo
O Kulturtasche
O Sonnencreme
O Taschentücher

O Reise-Zahnbürste und Zahnpasta
O Verhütungsmittel

Kleidung

O Badeklamotten
O Gürtel
O Hosen kurz / lang
O Mütze / Cap / Hut
O Pullover
O Regenjacke
O Schlafanzug
O Socken
O Sonnenbrille
O Sportklamotten / Jogginghose
O T-Shirts
O Unterwäsche

Medikamente

O Blasenpflaster
O Anti-Durchfalltabletten
O Erste-Hilfe-Set

O Fiebertabletten

O Fiebertabletten

O Mückenschutz

O sonstige Medikamente

O Pflaster

O Kopfschmerztabletten

Unterlagen & Papiere

O ADAC Unterlagen

O Adresslisten für Postkarten

O Krankversicherungsnachweis

O Stadtplan

O Führerschein

O Unterlagen für die Unterkunft

O Wasserdichte Hülle für Reiseunterlagen

O Impfausweis

O Mietwagenunterlagen

O Personalausweis

O Reisepass

O Reisetagebuch

O evtl. Studentenausweis

O evtl. Visum
O Zug- / Bahn- / Flugticket

Taschen & Rucksäcke

O Koffer / Trolley / Reisetasche
O Regenhülle für Rucksack
O Rucksack

Schuhe

O Badeschlappen / Hausschuhe
O Schuhe und Wechselschuhe

Sonstiges

O Brille / Kontaktlinsen und Etui
O Buch zum Lesen
O Ohrenstöpsel und Schlafmaske
O Regenschirm
O Reisedecke
O Wasserflasche
O Wörterbuch

Elektronik

O Digitalkamera
O Handy
O Ladekabel
O Kopfhörer
O evtl. Steckdosenadapter
O Power-Bank

Herstellung und Verlag:

BoD – Books on Demand, Norderstedt

ISBN: 9783750493896

© Melina Schwabstädt 2020

1. Auflage

Kontakt: Psiana eCom UG/ Berumer Str. 44/ 26844 Jemgum

Covergestaltung: Fenna Larsson

Coverfoto: depositphotos.com